Enid Artursdottir

Verwaltungsrechtsstreit

Enid Artursdottir

Verwaltungsrechtsstreit

Feststellung der Staatsangehörigkeit

Trainerverlag

Cover image: www.ingimage.com

Publisher:
Der Trainerverlag
is a trademark of
International Book Market Service Ltd., member of OmniScriptum Publishing Group
17 Meldrum Street, Beau Bassin 71504, Mauritius
Printed at: see last page
ISBN: 978-620-0-76908-4

Inhaltsverzeichnis:

I. Widerspruchsverfahren Kostenbescheid:

1. Schreiben der Kreisverwaltung an die Klägerin[1]:

Aktenzeichen

Kostenbescheid vom 06.08.2020

Widerspruch

Sehr geehrte Frau Klägerin,

wie bereits mitgeteilt, werden wir Ihr Schreiben als zulässigen Widerspruch ansehen und bestätigen Ihnen hiermit vorab den Eingang.

Zur Sache selbst werden wir uns in Kürze äußern.

---

[1] 11.08.2020

Mit freundlichen Grüßen

Kreisverwaltung

Kreisrechtsausschuss

Im Auftrag

Sachbearbeiterin

2. Schreiben der Kreisverwaltung an die Klägerin[2]:

Sachgebiet: Kreisrechtsausschuss

Auskunft erteilt: Sachbearbeiterin

Aktenzeichen: 20

Widerspruchsverfahren der Frau Klägerin gegen den Landkreis, vertreten durch den Landrat, wegen Staatsangehörigkeitsrecht

Sehr geehrte Frau Klägerin,

wir bestätigen den Eingang Ihres Widerspruchs gegen unseren Kostenbescheid vom 06.08.2020.

[2] 12.08.2020

Sie hatten für sich und Ihre vier minderjährigen Kinder Anträge auf Feststellung der Staatsangehörigkeit gestellt. Es handelte sich mithin um **5** Antragsverfahren. Diese Anträge wurden von der Staatsangehörigkeitsbehörde abgelehnt.

Hiergegen hatten Sie, auch in der Funktion als gesetzliche Vertreterin für Ihre minderjährigen Kinder, Widerspruch eingelegt. Aus Ihren Schreiben geht hervor, dass Sie mit dem Widerspruch gleichzeitig den Antrag verfolgen, den Widerspruchsgegner zu verpflichten, die Staatsangehörigkeit für Sie selbst und Ihre vier Kinder festzustellen.

Formell gesehen handelte es sich daher um **5** Antrags- und Widerspruchsverfahren, die zusammengefasst wurden, da Sie als gesetzliche Vertreterin auch für Ihre Kinder tätig geworden sind. Es bleibt jedoch dabei, dass die Widerspruchsgebühren für 5 Widerspruchsverfahren festgesetzt werden. Hierbei haben wir uns an der Staatsangehörigkeits-Gebührenverordnung orientiert.

Nur nebenbei sei bemerkt, dass im verwaltungsgerichtlichen Verfahren der Streitwertkatalog angewendet und von einem Streitwert in Höhe von **10.000,00 € je Kläger** ausgegangen wird. Dabei wird die hohe Bedeutung des beantragten Staatsangehörigkeitsausweises für die Kläger berücksichtigt. Bei einer Zugrundelegung eines Streitwerts in dieser Größenordnung, also von 50.000,00 € hätte sich die Widerspruchsgebühr auf 520,00 € beziffert.

Wir halten daher an der Gebührenfestsetzung in Höhe von 5 x 20,00 € (= 80 % von 25,00 €) zuzgl. Portoauslagen, also insgesamt 103,05 €, fest.

Wir bitten bis zum 21.08.2020 um schriftliche Mitteilung, ob Sie unter den genannten Umständen Ihren Widerspruch zurücknehmen. Andernfalls werden wir den Widerspruch formell dem Kreisrechtsausschuss zur Entscheidung vorlegen. In diesem Fall entstehen für den unterlegenen Beteiligten erneut entsprechende Gebühren.

Für Fragen stehen wir gerne zur Verfügung.

Mit freundlichen Grüßen

Im Auftrag

Sachbearbeiterin

3. Schreiben der Klägerin an die Kreisverwaltung[3]:

Aktenzeichen

Sehr geehrte Frau Sachbearbeiterin,

vielen Dank für Ihre Aufklärung in Bezug auf den Streitwert im verwaltungsgerichtlichen Verfahren.

Unter den genannten Umständen nehme ich meinen Widerspruch zurück.

Mit freundlichen Grüßen

Klägerin

---

[3] 11.08.2020

II. Erinnerung Kostenrechnung:

1. Kostenrechnung des Verwaltungsgerichts[4]:

KOSTENRECHNUNG

Bankverbindung

Kassenzeichen

Sehr geehrte Dame, sehr geehrter Herr,

nach der Kostenberechnung in der Sache

VERWALTUNGSGERICHT

Prozesssachen

Aktenzeichen

Antragstellerin u.a. ./. Landkreis

[4] 14.08.2020

Bitten wir Sie, die **rückseitig** berechneten und näher bezeichneten Gerichtskosten in Höhe von

1.638,00 EUR

binnen **zwei Wochen** ab Zugang dieser Rechnung zu bezahlen. Bitte geben Sie bei Ihrer Überweisung als Verwendungszweck unbedingt das Kassenzeichen vollständig an. Isst eine Überweisung nicht möglich, kann unter Vorlage der Rechnung bei jedem Amtsgericht des Landes bar gezahlt werden. Der Überbringer der Rechnung ist nicht zum Geldempfang berechtigt.

Bitte beachten Sie: Fragen zum **Inhalt** der Rechnung, richten Sie bitte ausschließlich an folgende **Stelle**:

VERWALTUNGSGERICHT

Als Rechtsbehelf gegen diesen Kostenansatz ist die unbefristete **Erinnerung** statthaft. Sie ist bei der vorgenannten **Stelle** schriftlich oder bei jedem Amtsgericht zu Protokoll der Geschäftsstelle einzulegen. Die Einlegung der Erinnerung entbindet nicht von der Pflicht zur vorläufigen Zahlung.

Die Datenschutzerklärung zur Informationspflicht nach Artikel 13 und 14 der Datenschutz-Grundverordnung (DSGVO) und § 43 Landesdatenschutzgesetz finden Sie auf der Startseite des Internetauftritts.

Bequem zahlen mit BankingApp und Fotoüberweisung oder mit dem Girocode

Empfänger

IBAN

BIC

Betrag

Verwendungszweck

Bitte bei allen Zahlungen und Schreiben unbedingt den Verwendungszweck (Kassenzeichen) angeben. Vielen Dank! Dieses Schreiben ist automationsunterstützt erstellt und ohne Unterschrift gültig.

Schlüssel: 5110

Gegenstand des Kostenansatzes: Verfahrensgebühr, §§ 3, 34, 52 GKG

– Gerichtskostengesetz –

Gebührensatz: 3,000

Wert/Anzahl/Betrag: 50.000,00

Betrag EUR: 1.638,00

Bitte zahlen Sie EUR: 1.638,00

2. Erinnerung der Klägerin an das Verwaltungsgericht[5]:

Kassenzeichen

Aktenzeichen Prozesssachen

Sehr geehrte Damen und Herren,,

Ihre Kostenrechnung vom 14.08.2020 wurde mir heute postalisch zugestellt.

„Gegen diesen Kostenansatz ist die unbefristete ***Erinnerung*** *statthaft."*

Davon möchte ich hiermit Gebrauch machen.

Die Sacharbeiterin des Kreisrechtsausschusses belehrte mich mit Schreiben vom 11.08.2020 in Bezug auf die anfallenden Gebühren wie folgt:

„... sei bemerkt, dass im verwaltungsgerichtlichen Verfahren der Streitwertkatalog angewendet und von einem Streitwert in Höhe von

[5] 20.08.2020

***10.000,00 € je Kläger** ausgegangen wird. … Bei einer Zugrundelegung eines Streitwerts in dieser Größenordnung, also von 50.000,00 € hätte sich die Widerspruchsgebühr auf 520,00 € beziffert."*

Die von Ihnen berechneten Gerichtskosten von **1.638,00 EUR** übersteigen sogar noch deutlich das Dreifache (*1.560,00 EUR*) der oben angegebenen Summe (*520,00 EUR*).

Zwar habe ich die von Ihnen bezeichneten Gerichtskosten vorläufig auf das von Ihnen angegebene Konto der Landesjustizkasse überwiesen, doch schröpft mich/uns der von Ihnen erhobene Betrag dermaßen, dass es nahezu die Existenz meiner Familie als alleinerziehender Mutter mit vier minderjährigen Kindern im Haus gefährdet.

Ich bitte Sie dringend, den Gebührensatz – und den daraus resultierenden Zahlungsbetrag – zu reduzieren.

Einen Auszug meines aktuellen sog. „**Gesamtsaldo**" habe ich angefügt.

Dort nicht gerechnet sind die Summen der gestrigen Einkäufe von über 200,00 EUR.

Mit freundlichen Grüßen

Klägerin

3. Schreiben der Landesjustizkasse an die Klägerin[6]:

Kassenzeichen

Ihre Kostensache

Hier: Abgabennachricht

Sehr geehrte Klägerin,

Ihr o.g. Schreiben haben wir zuständigkeitshalber weitergeleitet an das VERWALTUNGSGERICHT.

Mit freundlichen Grüßen

Sachbearbeiterin

[6] 21.08.2020

4. Schreiben des Verwaltungsgerichts an die Klägerin[7]:

Aktenzeichen

Verwaltungsrechtsstreit

A. u. a. / Landkreis

wegen Feststellung der Staatsangehörigkeit

Sehr geehrte Frau A.,

die Landesjustizkasse hat mir Ihre E-Mail vom 20. August 2020 zur Beantwortung weitergeleitet.

Mit unanfechtbarem Beschluss vom 12. August 2020 wurde der vorläufige Streitwert auf 50.000,00 Euro festgesetzt. Bei dem Ihnen in Rechnung gestellten Betrag in Höhe von 1.638,00 Euro handelt es sich um die Verfahrensgebühr und nicht um die Widerspruchsgebühr. Die

[7] 27.08.2020

Verfahrensgebühr beruht auf §§ 3, 34, 52 GKG. Die aus dem Streitwert resultierende Verfahrensgebühr kann nicht reduziert werden. Die Verfahrensgebühr kann zum Beispiel bei einer Klagerücknahme um 2/3 reduziert werden.

Über die Bewilligung von Zahlungserleichterungen (Stundung, Ratenzahlung) entscheidet die Landesjustizkasse in eigener Zuständigkeit.

Möchten Sie dennoch die Erinnerung gegen die Kostenrechnung aufrechterhalten, bitte ich um kurze Mitteilung.

Mit freundlichen Grüßen

Justizbeschäftigte

5. <u>Schreiben der Klägerin an das Verwaltungsgericht[8]:</u>

Betreff: Aktenzeichen

Ihr Schreiben vom 27.08.2020

z.H. Frau Justizbeschäftigte

Sehr geehrte Frau Justizbeschäftigte,

bitte teilen Sie mir mit, ob zusätzlich zur in Rechnung gestellten Verfahrensgebühr auch noch mit einer Widerspruchsgebühr zu rechnen ist und wenn ja, auf welche Höhe sich diese belaufen wird.

Mit freundlichen Grüßen

Klägerin

[8] 29.08.2020

6. Schreiben des Verwaltungsgerichts an die Klägerin[9]:

Aktenzeichen

Verwaltungsrechtsstreit

A. u. a. / Landkreis

wegen Feststellung der Staatsangehörigkeit

Sehr geehrte Frau A.,

unter Bezugnahme auf Ihre E-Mail vom 29. August 2020 teile ich mit, dass für die Erhebung einer eventuellen Widerspruchsgebühr die Kreisverwaltung zuständig ist.

Mit freundlichen Grüßen

Justizbeschäftigte

[9] 31.08.2020

III. Klage Widerspruchsbescheid:

1. Schreiben der Klägerin an das Verwaltungsgericht[10]:

Klage gegen Widerspruchsbescheid

Aktenzeichen

Sehr geehrte Damen und Herren des Verwaltungsgerichts,

bitte bestätigen Sie mir umgehend die Einreichung meines elektronischen Dokuments nach Maßgabe des § 55a der Verwaltungsordnung.

Mit freundlichen Grüßen

Klägerin

[10] 10.08.2020

2. Schreiben des Verwaltungsgerichts an die Klägerin[11]:

Klage gegen Widerspruchsbescheid

Aktenzeichen

Sehr geehrte Frau Klägerin,

für Eingaben, also auch für Klagen bzw. Anträge per E-Mail gelten die besonderen rechtlichen Voraussetzungen für den elektronischen Rechtsverkehr.

Die elektronische Form wird durch eine qualifizierte signierte Datei gewahrt, die den Maßgaben der Landesverordnung über den elektronischen Rechtsverkehr in der Verwaltungsgerichtsbarkeit vom 09.01.2008 (GVBl. 22 u. 109) entspricht. Entsprechend diesen Vorschriften ist für die Teilnahme am elektronischen Rechtsverkehr eine entsprechende Berechtigung (Signatur) notwendig.

[11] 11.08.2020

Ihre Klage vom 07.08.2020, hier eingegangen am 10. August 2020 entspricht diesen Anforderungen nicht und ist damit nicht wirksam erhoben. Sie muss schriftlich oder per Telefax eingereicht werden, um hier bearbeitet werden zu können.

Mit freundlichen Grüßen

Justizhauptsekretär

3. Schreiben der Klägerin an das Verwaltungsgericht[12]:

Klage gegen Widerspruchsbescheid

Aktenzeichen

Sehr geehrter Herr Justizhauptsekretär,

vielen Dank für Ihr Antwortschreiben.

Können Sie mir mitteilen, wie eine solche „Signatur“ erstellt werden kann?

Gestern habe ich die Klage in Schriftform per Einschreiben mit Rückschein (Sendungsnummer) postalisch auf den Weg gebracht.

Mit freundlichen Grüßen

Klägerin

[12] 12.08.2020

4. Schreiben des Verwaltungsgerichts an die Klägerin[13]:

Klage gegen Widerspruchsbescheid

Aktenzeichen

Sehr geehrte Frau Klägerin,

Ihre Klage bzw. Ihr Einschreiben (Sendungsnummer) ist heute per Post beim Verwaltungsgericht eingegangen und wurde unter dem Aktenzeichen registriert.

Was Ihre Frage hinsichtlich der elektronischen Signatur betrifft, kann ich Sie leider nur auf die Landesverordnung über den elektronischen Rechtsverkehr in der Verwaltungsgerichtsbarkeit vom 09.01.2008 (GVBl. 22 u. 109) verweisen.

---

[13] 12.08.2020

Mit freundlichen Grüßen

Justizhauptsekretär

5. Schreiben der Klägerin an das Verwaltungsgericht[14]:

Klage gegen Widerspruchsbescheid

Aktenzeichen

Sehr geehrter Herr Justizhauptsekretär,

vielen Dank für die Eingangsbestätigung

und Ihre Mitteilung des registrierten Aktenzeichens.

Mit freundlichen Grüßen

Klägerin

[14] 12.08.2020

6. <u>Schreiben des Verwaltungsgerichts an die Klägerin[15]:</u>

Aktenzeichen

Verwaltungsrechtsstreit

A. u. a. ./ Landkreis

wegen Feststellung der Staatsangehörigkeit

Sehr geehrte Klägerin,

Ihre Klage ist am 12. August 2020 bei Gericht eingegangen und wird unter dem oben genannten Aktenzeichen geführt. Bitte verwenden Sie dieses bei allen weiteren Eingaben.

Beiliegendes Schreiben an die Gegenseite erhalten Sie zur Kenntnis.

[15] 12.08.2020

Sämtliche Schriftsätze können Sie in 1-facher Ausfertigung einreichen, da das Verfahren hier elektronisch geführt wird.

Beigefügt erhalten Sie eine Abschrift des Beschlusses über die vorläufige Festsetzung des Streitwertes vom 12. August 2020.

Hinweis:

Die vorläufige Festsetzung des Streitwertes dient lediglich der Berechnung der mit der Klageerhebung fällig werdenden und von der Klägerseite zu zahlenden Verfahrensgebühr (§ 6 Abs. 1 GKG).

Eine diesbezügliche Kostenanforderung ergeht mit gesonderter Post.

Eine endgültige Entscheidung über die Höhe des Streitwertes wie auch über die Gerichtskosten erfolgt erst nach der Entscheidung in der Sache selbst bzw. bei anderweitiger Erledigung des Verfahrens.

Im Rahmen des Gerichtsverfahrens werden personenbezogene Daten erfasst und gespeichert. Informationen zu Ihren Rechten aus der EU-Datenschutz-Grundverordnung haben wir unter https://justiz.de/datenschutz bereitgestellt. Auf Wunsch senden wir diese auch in Papierform zu.

Mit freundlichen Grüßen

In Vertretung

gez.

Richter am Verwaltungsgericht

Beglaubigt:

Justizbeschäftigte

7. Schreiben des Verwaltungsgerichts an die Kreisverwaltung[16]:

Gegen Empfangsbekenntnis

Aktenzeichen

Verwaltungsrechtsstreit

A. u. a. ./ Landkreis

wegen Feststellung der Staatsangehörigkeit

Sehr geehrte Damen und Herren,

die beiliegende, am 12. August 2020 hier eingegangene Klage wird Ihnen zur Stellungnahme bis zum **7. September 2020** zugestellt.

Bitte fügen Sie Ihrer Stellungnahme die einschlägigen Verwaltungs- und ggf. Widerspruchsakten bei.

Die Akten sind im Original, auf Vollständigkeit überprüft, nach der zeitlichen Reihenfolge geheftet sowie mit fortlaufenden Blattzahlen

---

[16] 12.08.2020

versehen vorzulegen. Die Pflicht zur Aktenvorlage folgt aus §§ 99 VwGO. Kopien für die übrigen Verfahrensbeteiligten werden nicht benötigt. Die vorgelegten Akten können nach § 100 VwGO von den Beteiligten eingesehen werden.

Da Sie das Verfahren im elektronischen Rechtsverkehr führen, brauchen Sie von Ihren Schriftsätzen **keine Abschriften** zu übermitteln.

Sofern Sie ausnahmsweise Schriftsätze nicht in elektronischer Form einreichen, sind diese **2-fach** vorzulegen, damit die übrigen Verfahrensbeteiligten die erforderlichen Abschriften erhalten können. Anderenfalls werden diese Abschriften auf Ihre Kosten hergestellt. Dies gilt auch, wenn per Telefax übermittelte Mehrfertigungen von der Empfangseinrichtung des Gerichts ausgedruckt werden.

Beigefügt erhalten Sie eine Abschrift des Beschlusses über die vorläufige Festsetzung des Streitwertes vom 12. August 2020.

Hinweis:

Die vorläufige Festsetzung des Streitwertes dient lediglich der Berechnung der mit der Klageerhebung fällig werdenden und von der Klägerseite zu zahlenden Verfahrensgebühr (§ 6 Abs. 1 GKG).

Eine endgültige Entscheidung über die Höhe des Streitwertes wie auch über die Gerichtskosten erfolgt erst nach der Entscheidung in der Sache selbst bzw. bei anderweitiger Erledigung des Verfahrens.

Im Rahmen des Gerichtsverfahrens werden personenbezogene Daten erfasst und gespeichert. Informationen zu Ihren Rechten aus der EU-Datenschutz-Grundverordnung haben wir unter https://justiz.de/datenschutz bereitgestellt. Auf Wunsch senden wir diese auch in Papierform zu.

Mit freundlichen Grüßen

In Vertretung

gez.

Richter am Verwaltungsgericht

Beglaubigt:

Justizbeschäftigte

8. Beschluss des Verwaltungsgerichts[17]:

Aktenzeichen

VERWALTUNGSGERICHT

BESCHLUSS

In dem Verwaltungsrechtsstreit

1. Der Frau A.
2. Des Kindes, vertreten durch die Mutter
3. Des Kindes, vertreten durch die Mutter
4. Des Kindes, vertreten durch die Mutter
5. Des Kindes, vertreten durch die Mutter

\- Kläger -

[17] 12.08.2020

g e g e n

den Landkreis, vertreten durch den Landrat

\- Beklagter -

w e g e n Feststellung der Staatsangehörigkeit

hat die Kammer des Verwaltungsgerichts am 12. August 2020 durch den stellvertretenden Vorsitzenden Richter am Verwaltungsgericht

beschlossen:

Der Wert des Streitwertgegenstandes wird vorläufig auf 50.000,-- € (5 x 10.000,-- €) festgesetzt (§ 52 Abs. 1, § 63 Abs. 1 GKG).

Rechtsmittelbelehrung

Dieser Beschluss ist **unanfechtbar** (§ 63 Abs. 1 Satz 2 GKG).

gez. Richter

(Dienstsiegel)

Beglaubigt

Justizbeschäftigte

als Urkundsbeamtin der Geschäftsstelle

9. Beschluss des Verwaltungsgerichts[18]:

Aktenzeichen

VERWALTUNGSGERICHT

BESCHLUSS

In dem Verwaltungsrechtsstreit

1. Der Frau A.
2. Des Kindes, vertreten durch die Mutter
3. Des Kindes, vertreten durch die Mutter
4. Des Kindes, vertreten durch die Mutter
5. Des Kindes, vertreten durch die Mutter

\- Kläger -

[18] 12.08.2020

g e g e n

den Landkreis, vertreten durch den Landrat

- Beklagter -

w e g e n Feststellung der Staatsangehörigkeit

hat die Kammer des Verwaltungsgerichts am 12. August 2020 durch den stellvertretenden Vorsitzenden Richter am Verwaltungsgericht

beschlossen:

Der Wert des Streitwertgegenstandes wird vorläufig auf 50.000,-- € (5 x 10.000,-- €) festgesetzt (§ 52 Abs. 1, § 63 Abs. 1 GKG).

Rechtsmittelbelehrung

Dieser Beschluss ist **unanfechtbar** (§ 63 Abs. 1 Satz 2 GKG).

gez. Richter

(Dienstsiegel)

Beglaubigt

Justizbeschäftigte

als Urkundsbeamtin der Geschäftsstelle

10. Beschluss des Verwaltungsgerichts[19]:

Aktenzeichen

VERWALTUNGSGERICHT

BESCHLUSS

In dem Verwaltungsrechtsstreit

1. Der Frau A.
2. Des Kindes, vertreten durch die Mutter
3. Des Kindes, vertreten durch die Mutter
4. Des Kindes, vertreten durch die Mutter
5. Des Kindes, vertreten durch die Mutter

\- Kläger -

[19] 12.08.2020

g e g e n

den Landkreis, vertreten durch den Landrat

- Beklagter -

w e g e n Feststellung der Staatsangehörigkeit

hat die Kammer des Verwaltungsgerichts am 12. August 2020 durch den stellvertretenden Vorsitzenden Richter am Verwaltungsgericht

beschlossen:

Der Wert des Streitwertgegenstandes wird vorläufig auf 50.000,-- € (5 x 10.000,-- €) festgesetzt (§ 52 Abs. 1, § 63 Abs. 1 GKG).

Rechtsmittelbelehrung

Dieser Beschluss ist **unanfechtbar** (§ 63 Abs. 1 Satz 2 GKG).

gez. Richter

(Dienstsiegel)

Beglaubigt

Justizbeschäftigte
als Urkundsbeamtin der Geschäftsstelle

6. Beschluss des Verwaltungsgerichts[20]:

Aktenzeichen

VERWALTUNGSGERICHT

BESCHLUSS

In dem Verwaltungsrechtsstreit

1. Der Frau A.
2. Des Kindes, vertreten durch die Mutter
3. Des Kindes, vertreten durch die Mutter
4. Des Kindes, vertreten durch die Mutter
5. Des Kindes, vertreten durch die Mutter

\- Kläger -

[20] 12.08.2020

g e g e n

den Landkreis, vertreten durch den Landrat

- Beklagter -

w e g e n Feststellung der Staatsangehörigkeit

hat die Kammer des Verwaltungsgerichts am 12. August 2020 durch den stellvertretenden Vorsitzenden Richter am Verwaltungsgericht

beschlossen:

Der Wert des Streitwertgegenstandes wird vorläufig auf 50.000,-- € (5 x 10.000,-- €) festgesetzt (§ 52 Abs. 1, § 63 Abs. 1 GKG).

Rechtsmittelbelehrung

Dieser Beschluss ist **unanfechtbar** (§ 63 Abs. 1 Satz 2 GKG).

gez. Richter

(Dienstsiegel)

Beglaubigt

Justizbeschäftigte

als Urkundsbeamtin der Geschäftsstelle

12. Beschluss des Verwaltungsgerichts[21]:

Aktenzeichen

VERWALTUNGSGERICHT

BESCHLUSS

In dem Verwaltungsrechtsstreit

1. Der Frau A.
2. Des Kindes, vertreten durch die Mutter
3. Des Kindes, vertreten durch die Mutter
4. Des Kindes, vertreten durch die Mutter
5. Des Kindes, vertreten durch die Mutter

- Kläger -

[21] 12.08.2020

g e g e n

den Landkreis, vertreten durch den Landrat

- Beklagter -

w e g e n Feststellung der Staatsangehörigkeit

hat die Kammer des Verwaltungsgerichts am 12. August 2020 durch den stellvertretenden Vorsitzenden Richter am Verwaltungsgericht

beschlossen:

Der Wert des Streitwertgegenstandes wird vorläufig auf 50.000,-- € (5 x 10.000,-- €) festgesetzt (§ 52 Abs. 1, § 63 Abs. 1 GKG).

Rechtsmittelbelehrung

Dieser Beschluss ist **unanfechtbar** (§ 63 Abs. 1 Satz 2 GKG).

gez. Richter

(Dienstsiegel)

Beglaubigt

Justizbeschäftigte

als Urkundsbeamtin der Geschäftsstelle

13. Schreiben des Verwaltungsgerichts an die Klägerin[22]:

Verwaltungsgericht

Kammer

Der Vorsitzende

Aktenzeichen

Verwaltungsrechtsstreit

A. u.a. ./. Landkreis

wegen Feststellung der Staatsangehörigkeit

[22] 08.09.2020

Sehr geehrte Frau A.,

anliegenden Schriftsatz vom 31. August 2020 erhalten Sie zur Kenntnis.

Mit freundlichen Grüßen

Auf Anordnung

Justizbeschäftigte

14. Schreiben der Kreisverwaltung an das Verwaltungsgericht[23]:

Sachgebiet: Kreisrechtsausschuss

Auskunft erteilt: Vorsitzende

Aktenzeichen: 20

Verwaltungsrechtsstreit der Frau Klägerin gegen den Landkreis, vertreten durch den Landrat, wegen Staatsangehörigkeitsrecht

Ihr Aktenzeichen

Sehr geehrte Damen und Herren,

in dem o. a. Verwaltungsrechtsstreit beantragen wir,

> **die Klage zurückzuweisen und der Klägerin die Kosten des Verfahrens aufzuerlegen.**

[23] 31.08.2020

Zur Begründung verweisen wir auf die Ausführungen im Widerspruchsbescheid vom 06.08.2020.

Aus der Klageschrift der Klägerin ergeben sich u. E. keine neuen Gesichtspunkte, die eine andere Rechtsauffassung begründen könnten.

Die Akte des Kreisrechtsausschusses (1 Heft, Blatt 1 bis 43) sowie die Akte der Staatsangehörigkeitsbehörde (1 Heft, Blatt 1 bis 95) sind gegen Rückgabe beigefügt.

Mit freundlichen Grüßen

Im Auftrag

Vorsitzende

15. Schreiben der Klägerin an das Verwaltungsgericht[24]:

Betreff: Aktenzeichen

Sehr geehrter Herr F.,

sehr geehrte Damen und Herren,

anbei meine Stellungnahme zum Antrag des Kreisrechtsausschusses.

Mit freundlichen Grüßen

Klägerin

[24] 10.08.2020

16. Stellungnahme der Klägerin an das Verwaltungsgericht[25]:

Aktenzeichen

Verwaltungsrechtsstreit wegen Feststellung der Staatsangehörigkeit

Stellungnahme zum Antrag des Kreisrechtsausschusses vom 31. August 2020

Sehr geehrte Damen und Herren,

vielen Dank für die Zustellung des o.a. Schriftsatzes.

Der Kreisrechtsausschuss beantragt „***die Klage zurückzuweisen und der Klägerin die Kosten des Verfahrens aufzuerlegen.***"

Zur Begründung wird „*auf die Ausführungen im Widerspruchsbescheid vom 06.08.2020*" verwiesen bzw. behauptet: „*Aus der Klageschrift der Klägerin ergeben sich u. E. keine neuen Gesichtspunkte, die eine andere Rechtsauffassung begründen könnten.*"

[25] 10.08.2020

Im Widerspruchsbescheid vom 06.08.2020 heißt es u.a. wie folgt:

1. *„Der Bescheid des Wg. [Widerspruchsgegner] … verletzt die Wf. [Widerspruchsführerin] nicht in ihren Rechten …*" (S. 5)
2. *„Es ist anerkannt, dass … ein Antrag nur zulässig ist, wenn der Antragsteller ….insbesondere diese [Amtshandlung] zur Verwirklichung oder Wahrung eines Rechts benötigt.*" (S. 5)
3. *„Dieses Interesse fehlt, wenn die begehrte Verwaltungsentscheidung für den Antragsteller ohne ersichtlichen Nutzen ist, weil sie ihm offensichtlich keinerlei rechtliche oder tatsächliche Vorteile zu verschaffen vermag.*" (S. 5)
4. *„Die Intention des Gesetzgebers [ist] nämlich [die] Herstellung der Rechtssicherheit für die aus der Staatsangehörigkeit abzuleitenden Rechte …*" (S. 6)
5. *„Dafür, dass der Wf. [Widerspruchsführer] ohne die begehrte Feststellung Nachteile entstehen könnten oder sie in ihren Rechten verletzt wird, liegen keinerlei Anhaltspunkte vor.*" (S. 7)
6. *„Ein drohender Verlust der deutschen Staatsangehörigkeit ist ebenfalls weder vorgetragen, noch besteht Grund zur Annahme eines solchen.*" (S. 7)
7. *„Ein bloßes privates Interesse am Besitz eines Staatsangehörigkeitsausweises, vermag … kein schützenswertes Sachinteresse zu begründen.*" (S. 7)

8. *„... vor dem Hintergrund, dass das behördliche Feststellungsverfahren mit erheblichem Verwaltungsaufwand verbunden ist...“* (S. 7)

Hierzu nehme ich wie folgt Stellung:

Aus der Klageschrift der Klägerin ergeben sich sehr wohl neue Gesichtspunkte.

So wird dezidiert aufgeführt, inwiefern

1. der Bescheid des Widerspruchsgegners die Widerspruchsführerin in ihren Rechten verletzt;
2. der Antragsteller bzw. die Antragstellerin die Amtshandlung zur Verwirklichung oder Wahrung eines Rechts bzw. mehrerer Rechte benötigt;
3. die begehrte Verwaltungsentscheidung für den Antragsteller bzw. die Antragstellerin von ersichtlichem Nutzen ist, weil sie ihm bzw. ihr offensichtlich diverse aufgeführte elementare relevante bzw. wesentliche rechtliche und/oder tatsächliche Vorteile zu verschaffen vermag;
4. der Gesetzgeber seine bekundete Intention der Herstellung von Rechtssicherheit für die explizit aufgelisteten aus der

Staatsangehörigkeit abzuleitenden Rechte zu realisieren vermag bzw. dazu verpflichtet ist;

5. dem Widerspruchsführer bzw. der Widerspruchsführerin ohne die begehrte Feststellung Nachteile entstehen und sie (mitsamt ihren Kindern) anhand sämtlicher aufgeführter Anhaltspunkte in ihren Rechten verletzt wird;
6. ein drohender Verlust der deutschen Staatsangehörigkeit vorgetragen wurde und rechtlich nachweisbar Annahme zum Grund eines solchen besteht;
7. es unter Anbetracht oben aufgeführter Gründe geradezu zynisch ist, von einem bloß privaten Interesse zu reden, wenn aufgelistet werden kann, dass es sich hier um eine Kettenreaktion handelt, die aufbauend auf der Souveränität einzelner MENSCHEN insgesamt auf den Frieden im eigenen Land und daraus resultierend auf einen Weltfrieden hinauszulaufen vermag. SOMIT GEHT ES HIER BUCHSTÄBLICH UM „SEIN ODER NICHTSEIN“ (DAS IST HIER DIE FRAGE!);
8. durch die Verweigerung des behördlichen Feststellungsverfahrens hier willentlich und wissentlich tatsächlich ein erheblicher Verwaltungsaufwand produziert worden ist, nur um die eigentliche Tätigkeit der vorgeschriebenen behördlichen Feststellung zu umgehen. Dass der Kreisverwaltung (Sachgebiet

Staatsangehörigkeitsausweise, Sachgebiet Staatsangehörigkeitswesen, Kreisrechtsausschuss, Landrat usw.) die hohe Bedeutung der Thematik vollständig bewusst ist, beweist die Bemerkung der Sachbearbeiterin des Kreisrechtsausschusses vom 11.08.2020, *„dass im verwaltungsgerichtlichen Verfahren der Streitwertkatalog angewendet und von einem Streitwert in Höhe von **10.000,00 € je Kläger** ausgegangen wird. DABEI WIRD DIE HOHE BEDEUTUNG DES BEANTRAGTEN STAATSANGEHÖRIGKEITSAUSWEISES FÜR DIE KLÄGER BERÜCKSICHTIGT.“*

Ohne die anmaßende Dienstpflichtverweigerung des Sachbearbeiters hätte sich der Verwaltungsaufwand auf die Ausstellung von 5-DIN A4-Seiten mit der Bearbeitungsgebühr von jeweils 25 EUR belaufen, dementsprechend auf Gesamtkosten von 125 EUR.

Aufgrund der wiederholten Dienstpflichtverweigerung des Sachbearbeiters vom 28.05.2020, 15.06.2020 und 02.07.2020 und den Entscheidungen des Kreisrechtsausschusses vom 07.07.2020 bzw. der Vorsitzenden vom 06.08.2020 und 31.08.2020, wurde beklagter behördlicher Verwaltungsaufwand unnötig verkompliziert, sodass der Antragstellerin am 06.08.2020 zu entrichtende Gebühren von 103,05 EUR an die Kreiskasse und am 14.08.2020

Gerichtskosten von 1.638,00 EUR an die Landesjustizkasse auferlegt worden, der Klägerin inzwischen somit bereits **Kosten von 1.741,05 EUR** entstanden sind, weil sich ein einzelner Sachbearbeiter widerrechtlich anmaßt, seiner Dienstpflicht nicht nachkommen zu müssen und der Kreisrechtsausschuss mit Sitz im (selben) Hause aus Kosten(ersparnis)gründen die Entscheidung trifft, das Vorgehen des im Hause angestellten Sachbearbeiters zu rechtfertigen.

Daher beantrage ich, die Zurückweisung der Klage abzuweisen und den Widerspruchsgegnern die Kosten des Verfahrens aufzuerlegen.

Mit freundlichen Grüßen

Klägerin

17. Schreiben der Klägerin an das Verwaltungsgericht[26]:

Aktenzeichen

Anhang: Staatsangehörigkeit erworben nach §§ 1., 3.1, 4.1

Sehr geehrte Damen und Herren,

anbei zur Kenntnisnahme.

Mit freundlichen Grüßen

Klägerin

[26] 22.08.2020

18. Anhang des Schreibens der Klägerin an das Verwaltungsgericht[27]:

Hallo Frau Klägerin,

nun haben Sie ja die ganze Verwaltung aufgeklärt. Jedenfalls kann jetzt keiner mehr sagen, er habe von nichts gewusst....

Wer jedoch diesen Job ausführt, muss es kraft seiner Tätigkeit wissen. Weiß er es nicht oder handelt vorsätzlich gegen das Wissen, muß er strafrechtlich verfolgt werden. Sie können nun dieses ganze Amt und das Verwaltungsgericht anzeigen.

Der Sachbearbeiter schreibt Ihnen, Sie und Ihre Kinder hätten die Staatsangehörigkeit nach §§ 1., 3., 4. erworben. Dies ist so nicht richtig. Hier hätte stehen müssen:

§§ 1., 3.1, 4.1

Wenn er von erworben spricht, heißt dies im Umkehrschluss, dass Ihnen das Dokument ausgehändigt worden ist, Sie folglich im Besitz dessen sein müssten. Dies ist jedoch nicht der Fall.

Daher bestehen Sie nun endlich auf die Herausgabe Ihres Staatsangehörigkeitsausweises.

---

[27] 18.08.2020

Wenn er Ihnen schon so eine Steilvorlage bietet, dann sollten Sie diese auch umsetzen …

Herzliche Grüße

Der Spezialist.

19. Anhang des Schreibens der Klägerin an das Verwaltungsgericht[28]:

Hallo Frau Klägerin,

genau dafür hatte ich Ihnen die Zeilen geschrieben....

Viel Erfolg und herzliche Grüße

Der Spezialist.

[28] 22.08.2020

20. Schreiben des Spezialisten an die Klägerin[29]:

Hallo Frau Klägerin,

natürlich werden die "Beamten" von Ihrem Schreiben nicht begeistert sein. Aber das wussten Sie ja. Wenn Sie es durchsetzten möchten, dann geht das nur in Ihrer Eigenverantwortung. Im Recht sind Sie.

Viel Glück und viel Erfolg.

Ihr Spezialist

[29] 24.08.2020

21. Ladung des Verwaltungsgerichts an die Klägerin[30]:

Verwaltungsgericht

Kammer

Der Vorsitzende

Gegen Zustellungsurkunde

Aktenzeichen

Verwaltungsrechtsstreit

A. u.a. ./. Landkreis

wegen Feststellung der Staatsangehörigkeit

[30] 14.10.2020

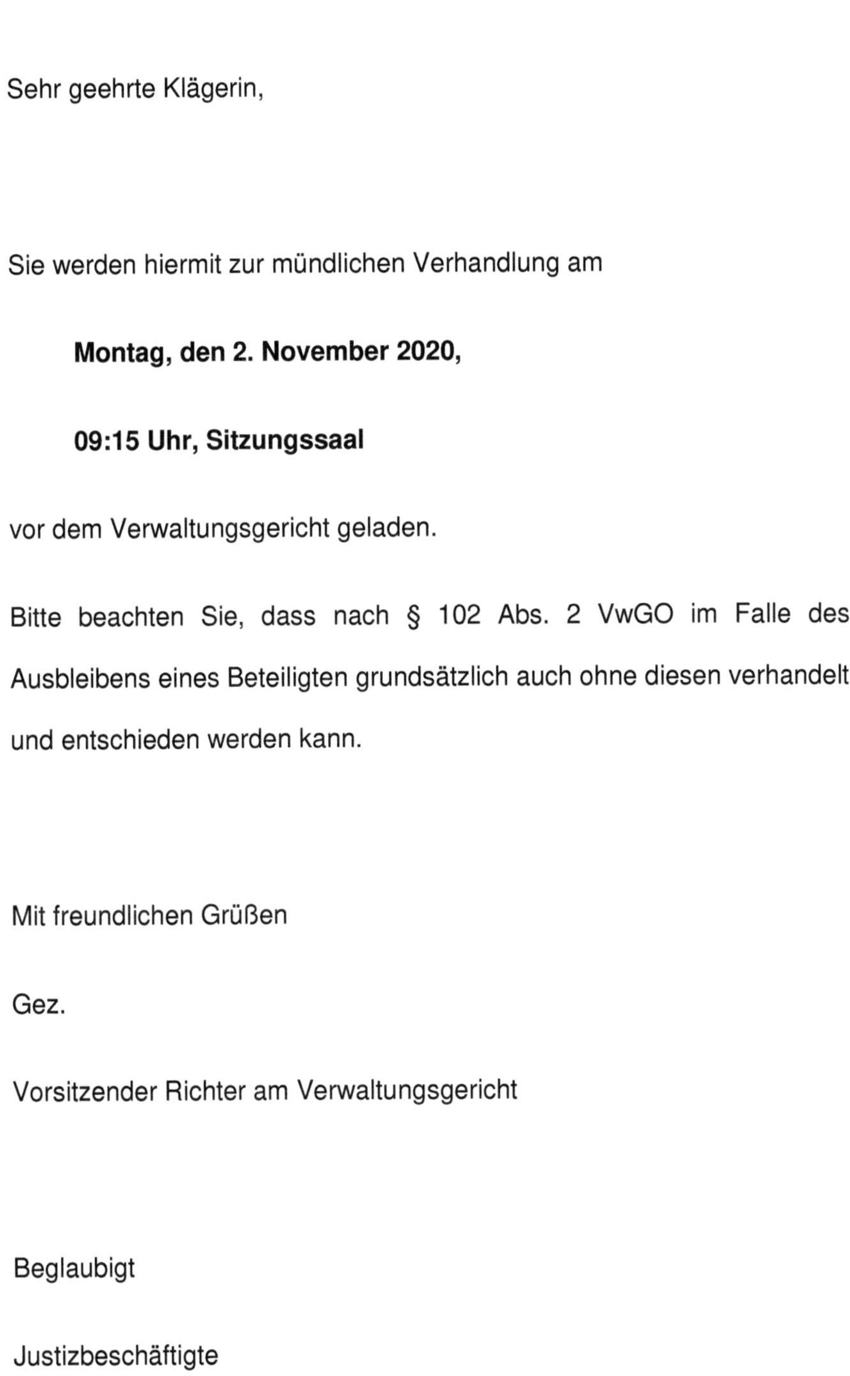

Sehr geehrte Klägerin,

Sie werden hiermit zur mündlichen Verhandlung am

Montag, den 2. November 2020,

09:15 Uhr, Sitzungssaal

vor dem Verwaltungsgericht geladen.

Bitte beachten Sie, dass nach § 102 Abs. 2 VwGO im Falle des Ausbleibens eines Beteiligten grundsätzlich auch ohne diesen verhandelt und entschieden werden kann.

Mit freundlichen Grüßen

Gez.

Vorsitzender Richter am Verwaltungsgericht

Beglaubigt

Justizbeschäftigte

Besondere Hinweise

Anlässlich der Ausbreitung von

COVID-19 (Coronavirus)

Die Justiz hat Maßnahmen ergriffen, um auch unter den Bedingungen der Pandemie den Dienstbetrieb aufrechtzuerhalten und zugleich Verfahrensbeteiligte, Besucherinnen und Besucher sowie die Beschäftigten der Justiz vor einer Ansteckung zu schützen.

Bitte tragen auch Sie dazu bei, das Ansteckungsrisiko in den Gerichten zu minimieren und beachten Sie dazu folgende Hinweise, wenn Sie zu einem Gerichtstermin geladen wurden oder aus sonstigen Gründen beabsichtigen ein Justizgebäude aufzusuchen:

- **Das Gerichtsgebäude dürfen Sie nicht betreten, wenn**
  - **bei Ihnen bzw. bei einer Person, mit der Sie in den letzten 14 Tagen Kontakt hatten, eine Infektion mit dem Coronavirus diagnostiziert worden ist oder**
  - **Sie (bzw. jemand in Ihrem direkten Umfeld) Husten, Fieber, Schnupfen, Atemprobleme oder gar eine Lungenentzündung haben oder**

- Sie sich in den letzten 14 Tagen in einem Staat oder einer Region außerhalb der Bundesrepublik Deutschland aufgehalten haben, für welchen oder welche zum Zeitpunkt der Einreise ein erhöhtes Risiko für eine Infektion mit dem Coronavirus SARS-CoV-2 besteht oder
- Sie verpflichtet sein sollten, sich nach der Einreise aus einem anderen Staat oder einer anderen Region in Quarantäne zu begeben.

Die Einstufung als Risikogebiet erfolgt durch das Bundesministerium für Gesundheit, das Auswärtige Amt und das Bundesministerium des Inneren, für Bau und Heimat und wird durch das Robert-Koch-Institut veröffentlicht. Risikogebiete innerhalb Deutschlands werden ebenfalls durch das Robert-Koch-Institut veröffentlicht.

Nähere Informationen finden Sie unter den nachfolgenden Links:

- Deutschland: https://www.rki.de/DE/Content/InfAZ/N/Neuartiges_Coronavirus/Situationsberichte/Gesamt.html
- Internationale Risikogebiete: https://www.rki.de/DE/Content/InfAZ/Neuartiges_Coronavirus/Risikogebiete_neu.html

Sollten Sie in den vorgenannten Fällen – zum Beispiel als Partei, Zeuge oder Rechtsanwalt – zu einem Termin geladen sein, informieren Sie uns zur Vermeidung von Rechtsnachteilen unverzüglich. Machen Sie dies bitte grundsätzlich schriftlich unter Angabe des Aktenzeichens und nur in dringenden Fällen telefonisch.

- **Bitte begrenzen Sie Ihren Aufenthalt in dem Gerichtsgebäude auf das zwingend erforderliche Maß.**

  - Sollten Sie als Verfahrensbeteiligter oder Verfahrensbevollmächtigter (Rechtsanwalt) zu einem Termin geladen sein, bitten wir Sie sich **vor und nach Ihrem Termin so kurz wie möglich im Gerichtsgebäude** aufzuhalten. Das beim Betreten des Gerichtsgebäudes auszufüllende Kontaktformular ist diesem Ladungshinweis bereits beigefügt und kann **vorausgefüllt mitgebracht** werden.
  - Zu den öffentlichen Gerichtsverhandlungen sind Zuhörer weiter zugelassen. Für sie können aber zusätzliche Beschränkungen bestehen.
  - Sollten Sie das Gericht aus anderen Gründen aufsuchen wollen, bitten wir Sie zu prüfen, ob Sie Ihr Anliegen auch schriftlich oder telefonisch erledigen und auf einen persönlichen Besuch vor Ort verzichten können.

- Halten Sie, wo immer möglich, einen **Mindestabstand von 1,5 Metern** zu anderen Personen.
- Bringen Sie Ihre **Mund-Nasen-Bedeckung** (sogenannte „Community-Maske") mit und tragen Sie diese **bereits beim Betreten** des Justizzentrums. **Seit dem 15. Oktober 2020 gilt eine allgemeine Maskentragungspflicht.**
- Beachten Sie die allgemeinen **Hygieneregeln** und nutzen Sie nach Betreten des Gerichts zur Verfügung stehende Möglichkeiten der Handhygiene.
- Das Gericht kann für die Verhandlung **zusätzliche Anordnungen** treffen.

Für Ihre Mitwirkung bei der Bekämpfung der Coronavirus-Pandemie bedanken wir uns.

Kontakterfassung

zum Infektions- und Gesundheitsschutz im Zusammenhang mit Covid-19

Angabe Ihrer Personalien:

Vorname:

Name:

Straße, Hausnr.:

PLZ:

Wohnort:

Telefonnummer:

Zeitpunkt des Betretens des Justizzentrums in einer Angelegenheit

bei dem/der

- **Gericht**
- **Gerichtshof**
- **Anwaltschaft**
- **Gerichtsverhandlung**
- **Ansprechpartner/in Herr/Frau** ....

um .... Uhr.

Voraussichtlicher Zeitpunkt des Verlassens des Gebäudes

um .... Uhr.

Hatten Sie innerhalb der letzten 14 Tage Ihres Wissens nach persönlichen Kontakt mit einer Corona-infizierten Person?

- o **Ja**
- o **Nein**

.........................,	....	....
Ort,	Datum	Unterschrift

Bitte halten Sie Ihren Personalausweis oder ein anderes amtliches Ausweisdokument bereit.

22. Schreiben des Verwaltungsgerichts an die Klägerin[31]:

Sehr geehrte Klägerin,

anliegende Schriftstücke erhalten Sie zur Kenntnis.

Mit freundlichen Grüßen

gez.

Justizbeschäftigte

Verwaltungsgericht

[31] 29.10.2020

23. Schreiben der Richterin an die Klägerin[32]:

Verwaltungsgericht

Kammer

Der Vorsitzende

Vorab per E-Mail

Antwort per E-Mail bitte an

Postfach E-Mail-Adresse

des VG richten

Aktenzeichen

[32] 29.10.2020

Verwaltungsrechtsstreit

A. u.a. ./. Landkreis

wegen Feststellung der Staatsangehörigkeit

Sehr geehrte Klägerin,

anliegenden Schriftsatz erhalten Sie zur Kenntnis.

Nach § 101 Abs. 2 VwGO kann das Gericht mit Einverständnis der Beteiligten ohne mündliche Verhandlung entscheiden. Dies erscheint hier sachdienlich.

Bitte teilen Sie bis zum **30. Oktober 2020** mit, ob Sie einverstanden sind.

Im Rahmen des Gerichtsverfahrens werden personenbezogene Daten erfasst und gespeichert. Informationen zu Ihren Rechten aus der EU-Datenschutz-Grundverordnung haben wir unter https://vg.justiz.de/de/datenschutz bereitgestellt. Auf Wunsch senden wir diese auch in Papierform zu.

Mit freundlichen Grüßen

In Vertretung

gez.

Richterin

Beglaubigt

Justizbeschäftigte

24. Schreiben der Kreisverwaltung an das Verwaltungsgericht[33]:

Sachgebiet: Kreisrechtsausschuss

Auskunft erteilt: Vorsitzende

Aktenzeichen: 20

Sehr geehrte Damen und Herren,

sehr geehrte Frau Richterin

in dem Verwaltungsrechtsstreitverfahren

A. ./. Landkreis

wegen Feststellung der Staatsangehörigkeit

Aktenzeichen

[33] 28.10.2020

teile ich Ihnen mit, dass ich an dem mündlichen Verhandlungstermin im o.g. Verfahren am 02.11.2020 aus dienstlichen Gründen leider nicht teilnehmen kann, weil durch meine Aufgaben als Geschäftsbereichsleiterin des Gesundheitsamtes Corona Bedingt erhebliches Arbeitsmehraufkommen zu verzeichnen ist.

Ich bitte mein Fehlen zu entschuldigen.

Mit freundlichen Grüßen

Im Auftrag

Vorsitzende

25. Schreiben der Klägerin an das Verwaltungsgericht[34]:

Betreff: Aktenzeichen

Sehr geehrter Herr Richter,

sehr geehrte Frau Richterin i.V. ,

sehr geehrte Frau Justizbeschäftigte,

sehr geehrter Vorsitzender der Kammer,

sehr geehrte Damen und Herren des Verwaltungsgerichts,

anliegende Schriftsätze habe ich erhalten und zur Kenntnis genommen.

Aufgrund Ihres Empfehlungsschreibens vom gestrigen Tag erkläre ich mich mit einer Entscheidung des Gerichts auch ohne vorherige mündliche Verhandlung einverstanden.

---

[34] 30.10.2020

Mit freundlichen Grüßen

Klägerin

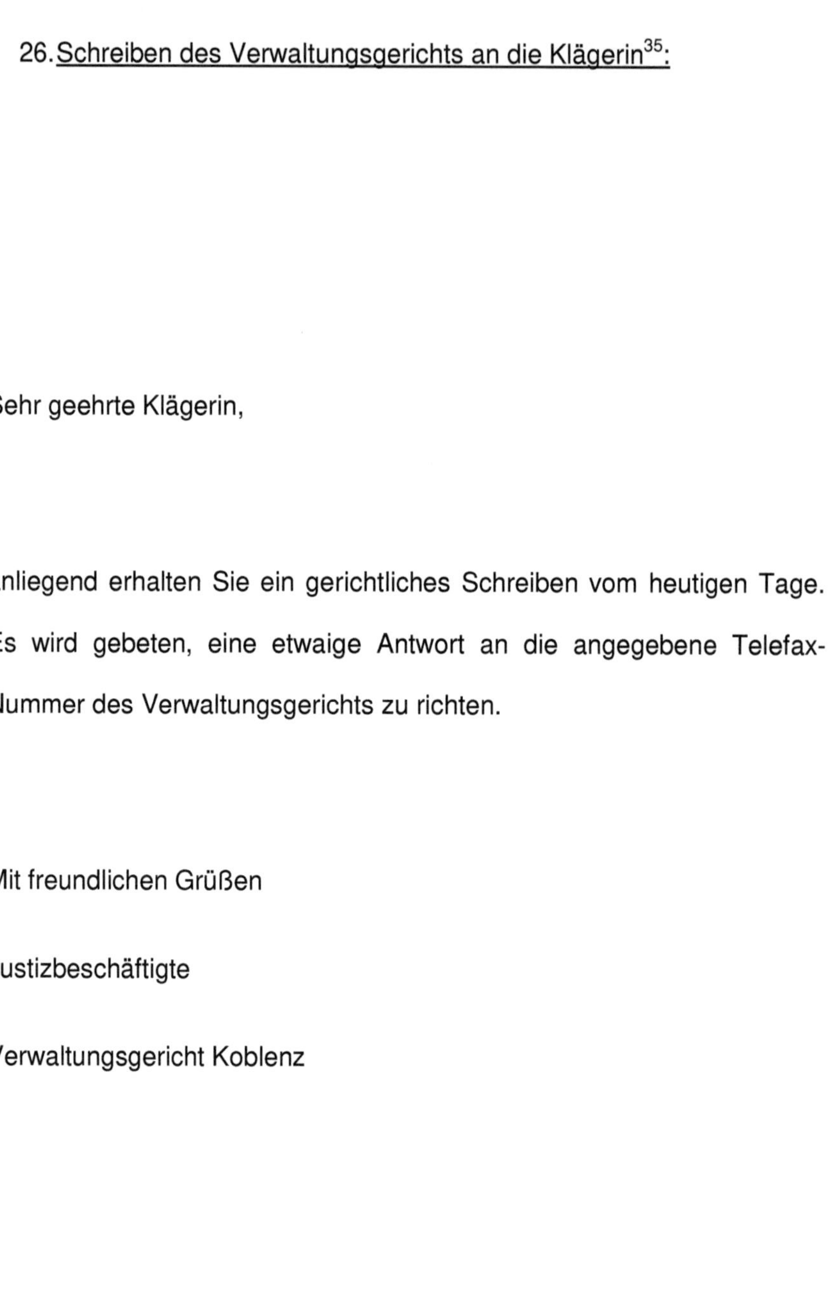

26. Schreiben des Verwaltungsgerichts an die Klägerin[35]:

Sehr geehrte Klägerin,

anliegend erhalten Sie ein gerichtliches Schreiben vom heutigen Tage. Es wird gebeten, eine etwaige Antwort an die angegebene Telefax-Nummer des Verwaltungsgerichts zu richten.

Mit freundlichen Grüßen

Justizbeschäftigte

Verwaltungsgericht Koblenz

[35] 30.10.2020

27. Schreiben der Richterin an die Klägerin[36]:

Verwaltungsgericht

Kammer

Der Vorsitzende

Vorab per E-Mail

Antwort per E-Mail bitte an

Postfach E-Mail-Adresse

des VG richten

Aktenzeichen

---

[36] 30.10.2020

Verwaltungsrechtsstreit

A. u.a. ./. Landkreis

wegen Feststellung der Staatsangehörigkeit

Sehr geehrte Klägerin,

anliegenden Schriftsatz erhalten Sie zur Kenntnis.

eine Prozesserklärung bedarf zu ihrer Wirksamkeit der Schriftform. Dies bedeutet, dass sie von Ihnen eigenhändig unterschrieben sein muss. Ihr E-Mail genügt diesem Erfordernis nicht.

Vor diesem Hintergrund bitte ich Sie, Ihre Erklärung nochmals in schriftlicher Form, ggf. als Telefax abzugeben. Erst dann kann der Termin zur mündlichen Verhandlung aufgehoben werden.

Solange dies nicht geschehen ist, bleibt es bei der Ladung vom 14. Oktober 2020. Darin wurden Sie darauf hingewiesen, dass nach § 102 Abs. 2 VwGO im Falle des Ausbleibens eines Beteiligten grundsätzlich auch ohne diesen verhandelt und entschieden werden kann.

Mit freundlichen Grüßen

In Vertretung

gez.

Richterin

Beglaubigt

Justizbeschäftigte

28. Schreiben der Klägerin an das Verwaltungsgericht[37]:

Aktenzeichen

Sehr geehrte Frau Justizbeschäftigte,

anliegend die erbetene Prozesserklärung.

Mit freundlichen Grüßen

Klägerin

[37] 30.10.2020

29. Prozesserklärung der Klägerin an das Verwaltungsgericht[38]:

Aktenzeichen

Verwaltungsrechtsstreit

A. u. a. ./. Landkreis

wegen Feststellung der Staatsangehörigkeit

Sehr geehrte Damen und Herren,

sehr geehrte Richterin in Vertretung,

sehr geehrter Vorsitzender Richter am Verwaltungsgericht,

aufgrund Ihres Empfehlungsschreibens vom 29. Oktober 2020 erkläre ich mich mit einer Entscheidung des Gerichts auch ohne vorherige mündliche Verhandlung einverstanden.

---

[38] 30.10.2020

Bitte bestätigen Sie mir zeitnah und verbindlich die Aufhebung des noch bevorstehenden Verhandlungstermins am **Montag, den 2. November 2020, 9:15 Uhr**.

Mit freundlichen Grüßen

(Unterschrift)

Klägerin

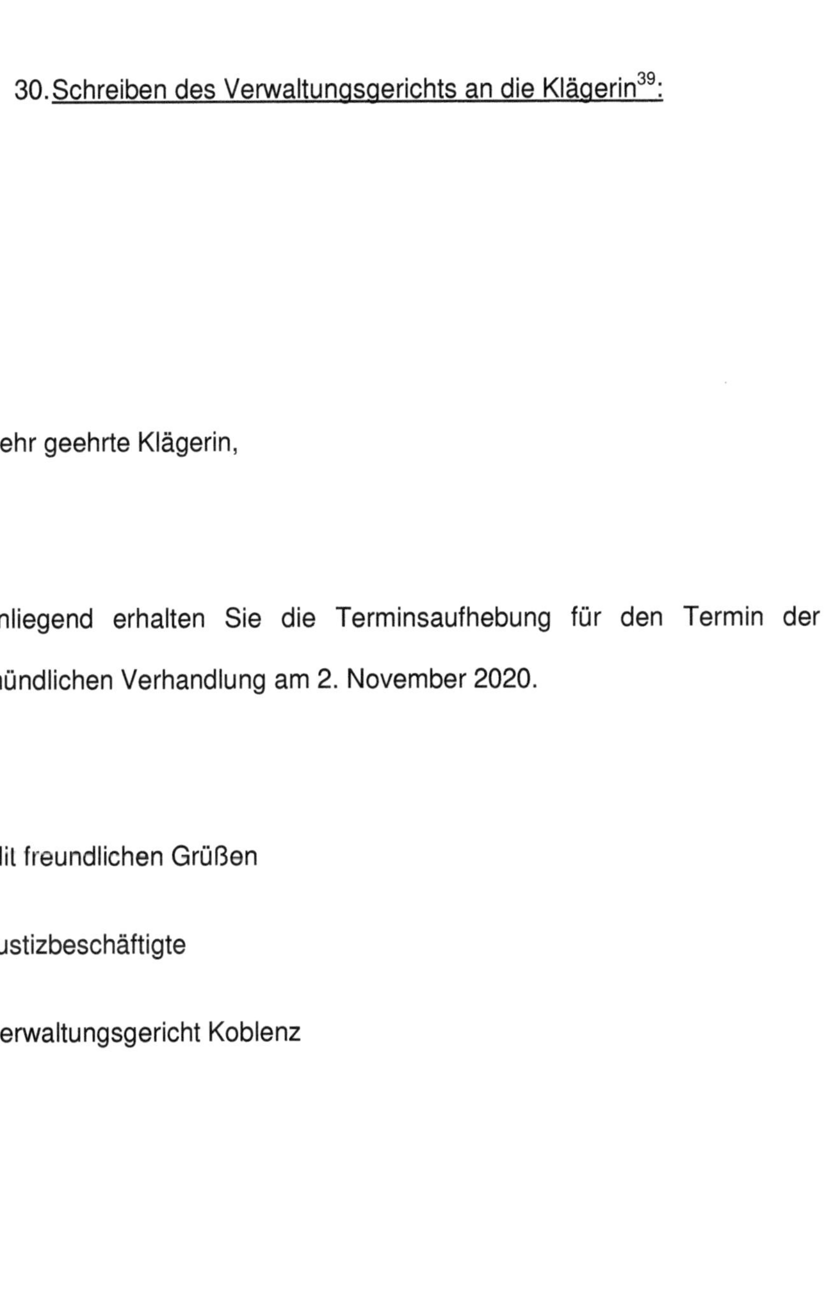

30. Schreiben des Verwaltungsgerichts an die Klägerin[39]:

Sehr geehrte Klägerin,

anliegend erhalten Sie die Terminsaufhebung für den Termin der mündlichen Verhandlung am 2. November 2020.

Mit freundlichen Grüßen

Justizbeschäftigte

Verwaltungsgericht Koblenz

[39] 02.11.2020

31. Schreiben des Richters an die Klägerin[40]:

Verwaltungsgericht

Kammer

Der Vorsitzende

Vorab per E-Mail

Antwort per E-Mail bitte an

Postfach E-Mail-Adresse

des VG richten

Aktenzeichen

[40] 02.11.2020

Verwaltungsrechtsstreit

A. u.a. ./. Landkreis

wegen Feststellung der Staatsangehörigkeit

Sehr geehrte Klägerin,

der für den 2. November 2020 anberaumte Termin der mündlichen Verhandlung wird aufgehoben. Die Kammer wird heute mit Einverständnis der Beteiligten im schriftlichen Verfahren entscheiden.

Mit freundlichen Grüßen

In Vertretung

gez.

Richter

Beglaubigt

Justizbeschäftigte

32. Schreiben der Klägerin an das Verwaltungsgericht[41]:

Aktenzeichen

Guten Morgen

Frau Justizbeschäftigte,

vielen Dank für Ihre Mitteilung.

Dem Herrn Vorsitzenden Richter

vielen Dank für die fernmündliche Auskunft

und eine gute Entscheidung.

Mit freundlichen Grüßen

Klägerin

---

[41] 02.11.2020

IV. Urteil Verwaltungsgericht:

1. Schreiben des Verwaltungsgerichts an die Klägerin[42]:

Verwaltungsgericht

Kammer

Der Vorsitzende

Gegen Zustellungsurkunde

Aktenzeichen

Verwaltungsrechtsstreit

A. u.a. ./. Landkreis

wegen Feststellung der Staatsangehörigkeit

[42] 06.11.2020

Sehr geehrte Klägerin,

anliegend erhalten Sie eine Abschrift der gerichtlichen Entscheidung vom 2. November 2020 sowie Abschrift eines bei Gericht eingegangenen Schriftsatzes.

Mit freundlichen Grüßen

Auf Anordnung

Justizbeschäftigte

2. Urteil des Verwaltungsgerichts[43]:

Aktenzeichen

VERWALTUNGSGERICHT

URTEIL

IM NAMEN DES VOLKES

In dem Verwaltungsrechtsstreit

1. Der Frau A.
2. Des Kindes, vertreten durch die Mutter
3. Des Kindes, vertreten durch die Mutter
4. Des Kindes, vertreten durch die Mutter
5. Des Kindes, vertreten durch die Mutter

[43] 02.11.2020

- Kläger -

g e g e n

den Landkreis, vertreten durch den Landrat

- Beklagter -

w e g e n Feststellung der Staatsangehörigkeit

hat die Kammer des Verwaltungsgerichts aufgrund der Beratung vom 2. November 2020, an der teilgenommen haben

Vorsitzender Richter am Verwaltungsgericht

Richter am Verwaltungsgericht

Richterin

ehrenamtliche Richterin Hausfrau

ehrenamtlicher Richter Bankkaufmann a.D.

für Recht erkannt:

Die Klage wird abgewiesen.

Die Kläger haben die Kosten des Verfahrens zu tragen.

Das Urteil ist wegen der Kosten vorläufig vollstreckbar.

Tatbestand

Die Kläger begehren die Feststellung der deutschen Staatsangehörigkeit und die Erteilung entsprechender Staatsangehörigkeitsausweise nach dem Staatsangehörigkeitsgesetz (StAG).

Die am ... in ... geborene Klägerin zu 1), die im Besitz eines Personalausweises (gültig bis ...) sowie eines Reisepasses (gültig bis ...) ist, beantragte für sich und ihre vier minderjährigen Kinder, die Kläger zu 2) – 5), die alle im Besitz entweder eines Personalausweises oder von Kinderreisepässen sind, die Feststellung der deutschen Staatsangehörigkeit sowie die Erteilung entsprechender Ausweise. Als Geburtsstaat gab sie in den

Antragsformularen „Preußen" an und legte Geburtsurkunden und weitere Abstammungsnachweise vor.

Mit Schreiben vom 18. Mai 202 wie der Beklagte darauf hin, dem Antrag sei nicht nachzukommen, es sei denn, die Klägerin zu 1) teile unter Vorlage von Nachweisen mit, wer Zweifel an ihrer deutschen Staatsangehörigkeit und der ihrer Kinder habe.

Mit Bescheid vom 15. Juni 2020 lehnte der Beklagte den Antrag der Kläger ab und führte aus, es sei anerkannt, dass vergleichbar mit dem im Verwaltungsprozess erforderlichen allgemeinen Rechtsschutzbedürfnis als Ausdruck eines allgemeinen ungeschriebenen Rechtsgrundsatzes auch im Verwaltungsverfahren vor Behörden ein Antrag nur zulässig sei, wenn der Antragsteller ein schutzwürdiges Sachbescheidungsinteresse an der von ihm beantragten Amtshandlung habe. Hieran fehle es. Die Kläger seien zweifelsfrei Deutsche. Gründe für die Klärungsbedürftigkeit ihrer deutschen Staatsangehörigkeit seien nicht ersichtlich. Außerdem setzte der Beklagte gestützt auf § 1 Abs. 1 Satz 2 Nr. 2, § 3 Abs. 1 Nr. 3 Staatsangehörigkeits-Gebührenverordnung (StAGebV) i. V. m. §

15 Verwaltungskostengesetz (VwKostG) eine Gebühr in Höhe von 18 € fest.

Hiergegen erhoben die Kläger am 23. Juni 2020 beim Beklagten Widerspruch und legten die Berufungsurkunde der Klägerin zu 1), datierend vom 20. Dezember 2010, vor. Sie brachten vor, das Staatsangehörigkeitsgesetz verlange für die Erteilung eines Staatsangehörigkeitsausweises kein Sachbescheidungsinteresse. Ihre Personalausweise bzw. Kinderreisepässe seien Eigentum der Bundesrepublik Deutschland und begründeten lediglich die Vermutung, dass der Inhaber die deutsche Staatsangehörigkeit besitze.

Mit Widerspruchsbescheid vom 6. August 2020 wies der Kreisrechtsausschuss des Beklagten den Widerspruch im Wesentlichen mit folgenden Erwägungen zurück: Beim Sachbescheidungsinteresse handele es sich um eine allgemein geltende verwaltungsverfahrensrechtliche Sachentscheidungsvoraussetzung, welche die Behörde berechtige, den Antrag selbst bei Bestehen eines materiellen Anspruchs abzulehnen. Diese Voraussetzung sei auch in einem Verfahren auf Feststellung der deutschen Staatsangehörigkeit nach § 30 Abs. 1

S. 1 StAG zu beachten. Dem Vorbringen der Kläger lasse sich nicht entnehmen, dass ihre deutsche Staatsangehörigkeit klärungsbedürftig sei. Soweit die Klägerin zu 1) geltend mache, sie benötige wegen ihres Dienstverhältnisses den Nachweis der deutschen Staatsangehörigkeit, sei dem entgegenzuhalten, dass sie ausweislich der Bestellungsurkunde bereits in das Dienstverhältnis berufen worden sei. Die Gebührenfestsetzung von 18 € finde ihre Grundlage in § 1 Abs. 1 Satz 2 Nr. 2, § 3a Abs. 1 Nr. 3 StAGebV. Aus diesen Vorschriften folge, dass die Gebühr für den Ausweis 25 € betrage. Diese Gebühr sei unter Berücksichtigung von § 15 Abs. 2 VwKostG ermäßigt worden. Außerdem sei zu Gunsten der Klägerin von der Möglichkeit Gebrauch gemacht worden, die Entscheidung durch die Vorsitzende des Kreisrechtsausschusses ohne mündliche Erörterung zu treffen.

Am 12. August 2020 haben die Kläger Klage erhoben. Sie machen unter Hinweis auf Ausführungen des Max von Frei: „Geheimsache Staatsangehörigkeit" geltend, sie hätten Anspruch auf die beantragte Feststellung. Zudem hätte die Vorsitzende des Kreisrechtsausschusses des Beklagten zu ihren Gunsten entschieden.

Die Klägerin zu 1) beantragt sinngemäß,

den Beklagten unter Aufhebung des Bescheides vom 15. Juni 2020 in Gestalt des Widerspruchsbescheids vom 6. August 2020 zu verpflichten, antragsgemäß für sie und ihre vier Kinder, die Kläger zu 2) – 5), die deutsche Staatsangehörigkeit festzustellen und die entsprechenden Staatsangehörigkeitsausweise auszustellen.

Der Beklagte beantragt,

die Klage abzuweisen.

Er verweist zur Begründung im Wesentlichen auf die Ausführungen im o.g. Widerspruchsbescheid.

Die Beteiligten haben sich mit Schreiben vom 30. Oktober 2020 bzw. vom 28. Oktober 2020 und 2. November 2020 mit einer Entscheidung im schriftlichen Verfahren einverstanden erklärt. Wegen der weiteren Einzelheiten des Sach- und Streitstandes wird auf die zwischen den Beteiligten gewechselten Schriftsätze sowie die Verwaltungs- und Widerspruchsakten des Beklagten, die Gegenstand der Entscheidungsfindung gewesen sind, hingewiesen.

Entscheidungsgründe

Die Klage, über welche die Kammer mit Zustimmung der Beteiligten ohne die Durchführung einer mündlichen Verhandlung entscheiden kann (§ 101 Abs. 2 Verwaltungsgerichtsordnung – VwGO -), hat keinen Erfolg. Dem Antrag der Kläger im Verwaltungsverfahren auf Feststellung der deutschen Staatsangehörigkeit und Ausstellung eines Staatsangehörigkeitsausweises fehlt das Sachbescheidungsinteresse. Der angegriffene ablehnende Verwaltungsakt vom 15. Juni 2020 in Gestalt des Widerspruchsbescheids vom 6. August 2020 verletzt von daher die Kläger offensichtlich nicht in ihren Rechten.

Nach § 30 Abs. 1 Satz 1 StAG wird das Bestehen oder Nichtbestehen der deutschen Staatsangehörigkeit auf Antrag von der Staatsangehörigkeitsbehörde festgestellt. Die Feststellung ist in allen Angelegenheiten verbindlich, für die das Bestehen oder Nichtbestehen der deutschen Staatsangehörigkeit rechtserheblich ist (§ 30 Abs. 1 Satz 2 StAG). Auch wenn der Wortlaut des § 30 Abs. 1 Satz 1 StAG nur auf einen entsprechenden Antrag abstellt und weitere Voraussetzungen nicht normiert sind, so hat das nicht zur Folge, dass jedermann ohne Vorliegen eines Sachbescheidungsinteresses Anspruch darauf hat, auf seinen bloßen Antrag hin das Bestehen oder Nichtbestehen der deutschen Staatsangehörigkeit feststellen zu lassen. Vielmehr ist nach der Rechtsprechung vom allgemeinen Grundsatz auszugehen, dass „jede Verwaltungstätigkeit ein – wie auch immer geartetes – öffentliches oder privates Bedürfnis zu befriedigen hat und deshalb dann zumindest unterbleiben darf und in der Regel wohl auch unterbleiben muss, wenn sie ohne jeden erkennbaren Sinn ist“ (vgl. BVerwG, Beschl. v. 12. November 1976 – VII B 21.76 – juris Rn. 3). Dieser Grundsatz gilt auch in Verfahren betreffend die Feststellung der deutschen Staatsangehörigkeit nach § 30 Abs. 1 StAG (vgl. statt vorher: OVG NW, Beschl. v. 16. Juli 2020 – 19 A 2812/19 -, VGH BW Beschl. v. 29. Juni 2020 – 12 S 476/20 –

m.w.N sowie BayVGH Beschl. v. 8. August 2018 – 5 ZB 18.844 – jeweils zitiert nach juris).

Ein Sachbescheidungsinteresse ist vorliegend nicht feststellbar. Zum einen bestehen keine Zweifel an der deutschen Staatsangehörigkeit der Kläger, die alle über einen Personalausweis oder einen Kinderpass verfügen, in denen deren deutsche Staatsangehörigkeit vermerkt ist. Zum anderen ergibt sich aus dem Vortrag der Kläger nicht, dass aufgrund besonderer Einzelfallumstände ausnahmsweise ein schutzwürdiges Interesse an der Ausstellung eines Staatsangehörigkeitsausweises gegeben sein könnte. Vor diesem Hintergrund folgt das Gericht den Ausführungen im Widerspruchsbescheid vom 6. August 2020 und macht diese zum Gegenstand seiner Entscheidungsgründe (vgl. § 117 Abs. 5 VwGO). Vor deren weiteren Darstellung wird mit den Hinweisen abgesehen, dass der Kreisrechtsausschuss des Beklagten den Widerspruch der Kläger zurückgewiesen hat, was sich auch zweifelsfrei aus dem o.g. Widerspruchsbescheid ergibt, und für eine fehlerhafte Besetzung des Ausschusses nichts ersichtlich ist.

Die Kostenentscheidung folgt aus § 154 Abs. 1 VwGO.

Die Entscheidung über die vorläufige Vollstreckbarkeit beruht auf § 167 VwGO.

Rechtsmittelbelehrung

Die Beteiligten können **innerhalb eines Monats** nach Zustellung des Urteils die **Zulassung der Berufung** durch das Oberverwaltungsgericht **beantragen**. Dabei müssen sie sich durch einen Rechtsanwalt oder eine sonstige nach Maßgabe des § 67 VwGO vertretungsbefugte Person oder Organisation vertreten lassen.

Der Antrag ist bei dem **Verwaltungsgericht**, schriftlich oder nach Maßgabe des § 55a VwGO als elektronisches Dokument zu stellen. Er muss das angefochtene Urteil bezeichnen.

Innerhalb **von zwei Monaten** nach Zustellung des Urteils sind die Gründe darzulegen, aus denen die Berufung zuzulassen ist. Die Begründung ist, soweit sie nicht bereits mit dem Antrag vorgelegt worden ist, bei dem Oberverwaltungsgericht schriftlich oder nach Maßgabe des § 55a VwGO als elektronisches Dokument einzureichen.

Die Berufung kann nur zugelassen werden, wenn

1. ernstliche Zweifel an der Richtigkeit des Urteils bestehen,
2. die Rechtssache besondere tatsächliche oder rechtliche Schwierigkeiten aufweist,
3. die Rechtssache grundsätzliche Bedeutung hat,
4. das Urteil von einer Entscheidung des Oberverwaltungsgerichts, des Bundesverwaltungsgerichts, des gemeinsamen Senats der obersten Gerichtshöfe des Bundes oder des Bundesverfassungsgerichts abweichst und auf dieser Abweichung beruht oder
5. ein der Beurteilung des Berufungsgerichts unterliegender Verfahrensmangel geltend gemacht wird und vorliegt, auf dem die Entscheidung beruhen kann.

gez. Richter gez. Richter gez. Richterin

Beschluss

Der Wert des Streitgegenstandes wird auf 50.000,00 € festgesetzt (§§ 52, 63 Abs. 2 GKG).

Rechtsmittelbelehrung

Gegen diese Entscheidung steht den Beteiligten und den sonst von der Entscheidung Betroffenen die **Beschwerde** an das Oberverwaltungsgericht zu, wenn der Wert des Beschwerdegegenstands 200,00 € übersteigt.

Die Beschwerde ist nur zulässig, wenn sie innerhalb von sechs Monaten, nachdem die Entscheidung zur Hauptsache Rechtskraft erlangt oder das Verfahren sich anderweitig erledigt hat, eingelegt wird.

Die Beschwerde ist bei dem **Verwaltungsgericht**, schriftlich, nach Maßgabe des § 55a VwGO als elektronisches Dokument oder zu Protokoll der Geschäftsstelle einzulegen.

gez. Richter gez. Richter gez. Richterin

Beglaubigt

(Dienstsiegel)

Justizbeschäftigte

als Urkundsbeamtin der Geschäftsstelle

3. Schreiben der Kreisverwaltung an das Verwaltungsgericht[44]:

Sachgebiet: Kreisrechtsausschuss

Auskunft erteilt: Sachbearbeiterin

Aktenzeichen: 20

Per Fax

Verwaltungsrechtsstreit der Frau Klägerin, gegen den Landkreis, vertreten durch den Landrat, wegen Staatsangehörigkeitsrecht

Ihr Aktenzeichen:

---

[44] 02.11.2020

Sehr geehrte Damen und Herren,

in dem o. a. Verwaltungsrechtsstreit nehmen wir Bezug auf unser Schreiben vom 28.10.2020 und stellen klar, dass wir auf die Durchführung der mündlichen Verhandlung verzichten.

Mit freundlichen Grüßen

Im Auftrag

Sachbearbeiterin

Printed by Books on Demand GmbH, Norderstedt / Germany